AF337720

CERCLE CATHOLIQUE D'ALAIS.

LA RÉVOLUTION

ET

LES SOCIÉTÉS SECRÈTES

Conférence faite par M. DE ROUX-LARCY,

LE 18 MARS 1877,

Anniversaire de la fondation du Cercle.

ALAIS

IMPRIMERIE ADMINISTRATIVE ET COMMERC. J. MARTIN

Place Saint-Jean et rue Dumas, 5.

1877

LA RÉVOLUTION

ET

LES SOCIÉTÉS SECRÈTES

Conférence faite par M. DE ROUX-LARCY,

LE 18 MARS 1877,

Anniversaire de la fondation du Cercle.

ALAIS

IMPRIMERIE ADMINISTRATIVE ET COMMERC. J. MARTIN

Place Saint-Jean et rue Dumas, 5.

1877

Séance du 18 mars 1877.

LA RÉVOLUTION

&

LES SOCIÉTÉS SECRÈTES

MESSIEURS,

On se demande souvent à quelles causes doivent être attribuées les révolutions auxquelles notre pays paraît fatalement condamné depuis bientôt un siècle. La propagande incessante des mauvaises doctrines, favorisée par les complaisances ou l'impuissance de presque tous les pouvoirs, ne les explique que trop. Remonter à la source de cette propagande du mal, rechercher l'origine de cette faiblesse héréditaire de nos gouvernements, tel sera l'objet de cet entretien. Un rapide coup d'œil jeté sur les années qui ont précédé la Révolution de 1789 est pour cela nécessaire. L'histoire de cette époque nous fournira la preuve indéniable que de tous les moyens mis en œuvre contre la Société, contre l'Eglise, contre les pouvoirs établis, en un mot contre toute autorité légitime, il n'y en eut jamais de plus formidable que l'organisation des sociétés secrètes, et que parmi ces associations, aucune n'a été plus funeste et n'est, aujourd'hui encore, plus puissante que la Franc-Maçonnerie.

Disons-le tout d'abord à l'honneur de notre pays : La Franc-Maçonnerie n'est pas d'origine française. Elle est sortie de l'Angleterre et elle a surtout grandi et prospéré au milieu de ces petits Etats de l'Allemagne du Nord, ennemis séculaires de la France qui furent, au commencement du xviᵉ siècle, le berceau de la Réforme et qui constituent aujourd'hui la Prusse. La Franc-Maçonnerie est donc d'origine doublement protestante ; cela ne suffit-il pas à expliquer sa haine contre l'enseignement catholique, contre les nationalités, contre les institutions catholiques ?

Les premières loges établies en France

vers 1720, — j'emprunte ce détail à Clavel, un des historiens patentés de la Franc-Maçonnerie, maçon lui-même à tous les degrés, — les premières loges établies en France le furent par des Anglais qui en devinrent les premiers grands maîtres. Il en a été de même en Allemagne, à Cologne et à Hambourg. Ce ne furent que de simples essais ; le but de la Maçonnerie n'était pas encore avoué, ou du moins il serait difficile d'en trouver la preuve dans les écrits de cette époque. Les premiers documents authentiques remontent à peine à 1770. Ce sont les instructions adressées à leurs adeptes par les chefs de la principale secte d'Allemagne, la secte des *Illuminés*. Le fondateur de cette association devenue plus tard si puissante, Weishaupt, avait fait ses études chez les Jésuites, à l'Université d'Ingolstadt. Il y occupa même pendant quelque temps la chaire de droit canon. Comme tous les rénégats, Weishaupt se distingua, non-seulement par la violence de sa haine contre l'Eglise, mais surtout par son ingratitude envers ses anciens maîtres, envers ceux auxquels il devait le bienfait d'une instruction toute gratuite. Le titre seul de ses ouvrages en dit assez, sans qu'il soit nécessaire de les analyser. Sa première instruction est adressée : Aux adeptes **qui seraient encore enclins à la manie de croire et d'adorer un Dieu.** La négation de la divinité est donc inscrite, au début, au frontispice de la Maçonnerie allemande (1).

Le gouvernement catholique de Bavière, qui n'avait vu d'abord, dans cette réunion d'étudiants, de philosophes et de savants, autre chose qu'une de ces associations scientifiques si fréquentes en Allemagne, ne tarda

-----

(1) S'adressant à une nation où le sentiment religieux peut quelquefois être affaibli, mais n'est jamais complètement éteint, la Franc-Maçonnerie française y mit plus de ménagements. — L'article premier de la Constitution maçonnique proclame l'existence de Dieu, l'immortalité de l'âme et la solidarité humaine. On désigne, il est vrai, Dieu sous la dénomination ridicule de « Grand architecte de l'Univers, » mais on n'en conteste pas l'existence. Ce n'est que depuis quelques années que l'on a tenté de modifier cet article. La proposition a jusqu'à ce jour été repoussée, mais le nombre de voix en faveur de la négation augmente à chaque vote, et il est assez probable que lorsque la question sera de nouveau mise aux voix, la croyance à l'existence de Dieu sera effacée de la Constitution maçonnique.

pas à en comprendre le danger. Les nouveaux sectaires ne surent pas longtemps dissimuler leur intention de s'immiscer dans les affaires de l'Etat. L'association fut interdite en Bavière ; et Weishaupt, exilé, dut aller chercher un refuge chez le duc de Gotha, un de ses plus fidèles adeptes. Ce prince ne se contenta pas de le couvrir de sa protection, il lui confia même une des charges les plus importantes de sa cour. C'est ainsi qu'à deux siècles et demi de distance on vit se reproduire le même fait : les princes et les grands seigneurs allemands prenant parti en faveur de la conspiration maçonnique, comme ils avaient autrefois pris fait et cause pour la révolte religieuse. Le duc de Gotha devint, pour le chef des Illuminés, ce que l'Electeur de Saxe avait été pour le moine apostat Luther.

Il n'y avait cependant pas d'illusion possible sur les vraies tendances de l'Illuminisme ; le masque était levé, et voici comment, dans son ouvrage intitulé : *Derniers éclaircissements*, le baron de Knigge, qui plus tard remplaça Weishaupt dans la direction de la secte, résumait sa doctrine :

« L'égalité et la liberté sont les droits es-

« sentiels que l'homme, dans sa perfection
« originaire et primitive, reçut de la nature.
« La première atteinte à cette égalité fut
« portée par la propriété; la première atteinte
« à la liberté fut portée par les sociétés poli-
« tiques ou les gouvernements. **Les seuls
« appuis de la propriété et des gou-
« vernements sont les lois religieu-
« ses et civiles**...... Donc, pour rétablir
« l'homme dans ses droits primitifs d'égalité
« et de liberté, il faut commencer par dé-
« truire **toute religion, toute société
« civile**, et finir par **l'abolition de la
« propriété**. »

En France, le mouvement maçonnique
était depuis longtemps préparé. Voltaire,
Rousseau, Diderot, d'Alembert, d'Holbach,
Helvétius, Duclos, tous les encyclopédistes
formaient déjà entre eux une véritable franc-
maçonnerie avant même que les loges fussent
organisées. Le premier acte de cette grande
conspiration anti-chrétienne fut la suppression des Jésuites. Il ne s'agissait pas seule-
ment d'enlever à l'Eglise ses défenseurs les
plus dévoués, ceux que l'on appelait *les gar-
des du corps de la papauté*, de détruire un
des remparts de la foi, il fallait avant tout
mettre la main sur l'enseignement et assurer
à la philosophie la direction unique des nou-

velles générations. Pour atteindre ce but on ne recula devant aucun mensonge, devant aucune calomnie. Jamais plus effrayant concert d'accusations ne se fit entendre. La magistrature elle-même, sortant de sa réserve habituelle, n'hésita pas à y prendre part, et, de toutes les diatribes dirigées contre la Société de Jésus, il n'y en eut pas de plus violente que le *Compte-Rendu* de La Chalotais, procureur général au parlement de Bretagne, qui valut à ce magistrat la haute approbation de Voltaire. Voici ce qu'il lui écrivait à la date du 17 mai 1762 :

« Votre réquisitoire a été imprimé à Genè
« ve et répandu dans toute l'Europe avec le
« succès que mérite le *seul* ouvrage philoso-
« phique qui soit jamais sorti du barreau. Il
« faut espérer qu'après avoir purgé la France
« des Jésuites, on sentira combien il est hon-
« teux d'être soumis **à la puissance ridi-
« cule** qui les a établis. Vous avez fait sen-
« tir bien finement l'absurdité d'être soumis
« à cette puissance (la Papauté) et le danger
« ou du moins l'inutilité de tous les autres
« moines qui sont perdus pour l'Etat et qui
« en dévorent la substance. »

Quelques mois plus tard, revenant sur

cette question, Voltaire écrivait encore à
M. de la Chalotais :

« Je crois, Monsieur, que c'est à vous que
« je dois la réception de votre nouveau chef-
« d'œuvre (le second compte-rendu). Ces
« deux ouvrages sont la voix de la patrie
« qui s'explique par l'organe de l'éloquence
« et de l'érudition. Vous avez jeté des ger-
« mes qui produiront un jour plus qu'on ne
« pense, et quand la France n'aura plus un
« **maître italien** qu'il faut payer (toujours
« le pape), elle dira : C'est à M. de la Chalo-
« tais que nous en sommes redevables. »

On le voit, la suppression des Jésuites n'é-
tait, dans la pensée du chef de la philosophie, que le prélude de la suppression de
la papauté.

Tous les parlements de France, à deux ou
trois exceptions près, suivirent l'exemple du
parlement de Bretagne et ordonnèrent l'ex-
pulsion des Jésuites. Leurs colléges furent
fermés, leurs églises et leurs bibliothèques
mises au pillage. Pendant que cela se passait
en France, la persécution prenait en Espa-
gne, à Naples et en Portugal, le caractère le
plus aigu. Le bannissement ne paraissant
plus suffisant, on ne recula ni devant la pri-

son, ni devant les tortures, ni même devant l'échafaud. L'impiété fut partout également bien servie et bien inspirée dans le choix de ses exécuteurs.

Les Jésuites expulsés, la philosophie règne sans partage. Maîtresse de l'enseignement, elle peut à son gré façonner les générations qui vont faire la Révolution. *L'Essai sur l'Education* dit assez ce que sera cet enseignement, dont le *Catéchisme des droits de l'homme et du citoyen* deviendra bientôt le véritable résumé. Pour se faire une idée de la morale de la nouvelle école, il suffit d'ouvrir le *Dictionnaire philosophique* dont chaque ligne est un outrage à la religion, à ses ministres, à la famille, à la société, à tout ce qu'il y a de plus sacré, de plus respectable, ce dictionnaire que Voltaire désavouait en public, mais dont il aimait, dans l'intimité, à se reconnaître sinon l'auteur au moins l'inspirateur; on peut aussi compulser la correspondance du patriarche de Ferney dans laquelle il se montre à nu, on n'y trouvera qu'une seule pensée, un but unique : l'anéantissement de la papauté et de la religion... Quant à la réforme sociale, la suppression des abus, l'amélioration du sort des classes populaires,

le soin de leur instruction, ce sont des mots
dont il a pu se servir pour séduire le peuple,
pour égarer les masses, mais nous défions
qu'on nous montre dans sa correspondance
intime, dans celle qui n'était pas destinée à
la publicité, une ligne, une seule ligne qui
puisse faire supposer que ces questions ont
jamais été l'objet de ses préoccupations.
Bien au contraire, il ne peut contenir ses vé-
ritables sentiments, et l'on ne sait vraiment
ce qui domine le plus en lui, la haine de
Dieu ou le mépris du peuple. N'écrivait-il
pas, le 1er avril 1766, à l'un de ses plus fidèles
adeptes, Damilaville :

« Je crois que nous ne nous entendrons
« pas sur l'article du peuple, que vous croyez
« digne d'être instruit. J'entends par peuple,
« la populace qui n'a que ses bras pour vivre.
« Je doute que cet ordre de citoyens ait ja-
« mais le temps ni la capacité de s'instruire ;
« il me paraît essentiel qu'il y ait des gueux
« ignorants ; quand la populace se mêle de
« raisonner, tout est perdu. »

Ne faudrait-il pas pouvoir mettre cette ci-
tation sous les yeux des fanatiques qui se
disposent à fêter le centenaire de Voltaire.
Cela ne refroidirait-il pas quelque peu le

zèle des souscripteurs populaires qui vont bénévolement verser leur obole pour élever une statue à celui qui les a ainsi bafoués ?

Et que l'on ne dise pas que l'opinion de Voltaire fut une exception, qu'elle n'était point partagée par les autres philosophes ; écoutez l'*Essai sur l'Education*, véritable code de l'Ecole encyclopédiste, redigé par ses chefs les plus autorisés :

« Il n'y a jamais eu autant d'étudiants
« dans un royaume où tout le monde se
« plaint de la dépopulation. Le peuple même
« veut étudier ; des laboureurs, des arti-
« sans envoient leurs enfants dans les col-
« léges des petites villes où il en coûte peu
« pour vivre ; et quand ils ont fait de
« mauvaises études qui ne leur ont appris
« qu'à dédaigner la profession de leur père,
« ils se jettent dans les cloîtres, dans l'Etat
« ecclésiastique ; ils prennent des offices de
« justice et deviennent souvent des sujets
« nuisibles à la société.

« Les Frères de la doctrine chrétienne,
« qu'on appelle Ignorantins, sont survenus
« pour achever de tout perdre. Ils appren-
« nent à lire et à écrire à des gens qui n'eus-
« sent dû apprendre qu'à manier le rabot et
« la lime, mais qui ne le veulent plus faire.
« Le bien de la société demande que les

« connaissances du peuple ne s'étenden
« pas plus loin que ses occupations. Tout
« homme qui voit au-delà de son triste mé-
« tier ne s'en acquittera jamais avec courage
« et patience. Parmi les gens du peuple, il
« n'est presque nécessaire de savoir lire et
« écrire qu'à ceux qui vivent de ces arts
« ou que ces arts aident à vivre. »

Que l'on compare ce langage avec celui
de l'Eglise, et, la main sur la conscience,
qu'on réponde à cette question : Est-ce l'E-
vangile, est-ce la philosophie qui enseigne
l'amour du peuple ?....

Tout ce que j'ai dit des philosophes s'ap-
plique à la Franc-Maçonnerie, qui n'a fait autre chose que de mettre en pratique le pro-
gramme de l'Ecole. Pendant les années qui
ont précédé la Révolution, les loges maçonniques de France ont toutes marché sous la
direction de Voltaire qui, quoiqu'absent, ne
cessa de leur imprimer sa direction. Ecou-
tez Louis Blanc, dans son *Histoire de la Révolution française :*

« De Ferney il préside les banquets et les
« loges d'Helvétius, amène les encyclopédis-
« tes au combat, donne le ton à l'esprit fran-
« çais et force l'Europe entière à vivre de
« son souffle..... Qu'on remonte l'histoire

« depuis la Révolution jusqu'à Louis XIV,
« on ne fera que parcourir la vie de Voltaire,
« vie prodigieuse et dans le xviiime siècle
« indispensable. Grâce à la persévérance de
« ce facile génie, les encyclopédistes et les
« maçons eurent pour auxiliaires dans leur
« guerre à l'Eglise des princes et des rois. »

En effet, si Voltaire a pu si longtemps travailler à l'aise à corrompre les peuples, c'est qu'il commença d'abord par s'assurer tous les concours qui pouvaient lui être utiles. Les souverains étrangers à l'Eglise devaient être ses alliés naturels dans sa croisade contre le catholicisme ; aucune flatterie ne lui coûta pour les rattacher à la cause de la maçonnerie philosophique.

Il sut imposer ses conseils à l'impératrice de Russie, l'altière Catherine ; et telle devint leur intimité, qu'il se croyait autorisé à l'appeler familièrement : « *Ma bonne amie de Russie.* » Il est vrai que pour corriger cette familiarité, il n'hésitait pas **« à se mettre à ses pieds avec adoration de latrie (1). »** Les rois de Suède et de Danemark

----

(1) Voltaire à l'impératrice Catherine, 2 février 1764.

se vantaient d'être ses élèves ; enfin le roi de Prusse, le grand Frédéric, l'appelait à sa cour, le nommait son chambellan et le gratifiait d'une pension de 20,000 livres.

Enivré d'orgueil, le vieux philosophe n'avait-il pas raison de dire : « *J'ai dans les mains brelan de rois quatrième.* »

Nous sommes naturellement amenés à parler ici de la correspondance de Voltaire avec Frédéric. Je voudrais pouvoir mettre sous vos yeux de nombreux extraits de ces lettres si instructives, qui feraient mieux connaître le héros de la philosophie que tout ce que je pourrais en dire. Je me borne à quelques citations.

Au moment où venait de s'accomplir la plus monstrueuse des iniquités, le partage de la Pologne catholique par les trois puissances du Nord :

« Vous voilà, Sire, » écrivait Voltaire au roi de Prusse, « le fondateur d'une gran-
« de puissance ; vous tenez un des bras de
« la balance de l'Europe, et la Russie de-
« vient un nouveau monde. Comme tout est
« changé ! Et que je me sais bon gré d'avoir
« vécu pour voir tous ces grands événe-
« ments....... Je ne sais pas quand vous

« vous arrêterez, mais je sais que l'aigle de
« Prusse va bien loin. »

Hélas ! un siècle plus tard, cette sinistre
prophétie ne devait que trop s'accomplir.....

« Je supplie cet aigle de daigner jeter sur
« moi chétif, du haut des airs où il plane,
« un de ces coups d'œil qui raminent le gé-
« nie éteint.... Je suis à vos pieds comme il
« y a trente ans, mais bien affaibli... Je re-
« garderai le *regno redintegrato* quand je
« voudrai reprendre des forces. »

Et il signait : « **Votre vieux idolâ-
tre.** »

Et quelques semaines après :

« On prétend que c'est vous, Sire, qui avez
« imaginé le partage de la Pologne ; je le
« crois, parce qu'il y a là du génie et que le
« traité s'est fait à Postdam. »

Vous le voyez, Messieurs, ce n'est pas
d'aujourd'hui que le système des annexions
a été inventé. Voltaire n'a cessé d'encoura-
ger son royal correspondant à le pratiquer
à son profit.

« Votre Majesté a bien raison de dire que
« l'*infâme* ne sera jamais détruite par les ar-
« mes. Les armes peuvent détrôner un pape,

« déposséder un électeur ecclésiastique,
« mais non pas détrôner l'imposture.

« Je ne conçois pas comment vous n'avez
« pas eu quelque bon évêché pour les frais
« de la guerre.... Mais je sens bien que vous
« ne détruirez la superstition christicole que
« par les armes de la raison. Votre idée de
« l'attaquer par les moines est d'un grand
« capitaine...... »

Voulez-vous maintenant avoir une idée de
la façon dont Voltaire parle de son pays ?

« Toutes les fois que j'écris à Votre Ma-
« jesté, je tremble comme nos régiments à
« Rosbach. »

Ou bien encore :

« Vous souvenez-vous, Sire, d'une pièce
« charmante que vous daignâtes m'envoyer,
« il y a plus de 15 ans, dans laquelle vous
« peignez si bien

> « Ce peuple sot et volage,
> « Aussi vaillant au pillage
> « Que **lâche** dans les combats !

Oui, Messieurs, voilà le patriotisme de Voltaire, voilà en quels termes il applaudit aux
insultes de son royal élève contre le soldat
français,

> « Aussi vaillant au pillage
> « Que **lâche** dans les combats !

Voilà l'homme dont l'Assemblée nationale, la grande assemblée de 89, a décrété l'apothéose ; voilà le patriote dont les cendres furent triomphalement portées au Panthéon. L'impiété de Voltaire lui fit tout pardonner. On ne se souvint que d'une chose : c'est que, le premier, il avait poussé le cri de guerre contre le catholicisme : « *Ecrasons l'infâme.* »

(Vifs applaudissements.)

. . . .

. . . .

Après Voltaire, c'est Mirabeau qui prend la direction du mouvement maçonnique. Chargé, en 1786, par Calonne, d'une mission secrète en Prusse, Mirabeau profite de son séjour à Berlin pour se faire initier aux mystères de l'Illuminisme. Mis en rapport avec les principaux chefs, il prépare avec eux un plan de fusion des sectes allemandes avec la Maçonnerie française. De retour à Paris, il communique ce projet à la loge directrice, au Grand-Orient composé alors, comme il l'est aujourd'hui, des délégués des principales loges et des hauts dignitaires de l'Ordre. A leur tête se trouvent le duc d'Orléans, devenu plus tard Philippe-Egalité, Talleyrand, Sieyes, Barnave, Pétion, Condorcet, Brissot, Lepelletier-St-Fargeau, Danton, Camille Desmoulins, tous les futurs héros de la Révolution. Le terrain étant suffisamment préparé, Mirabeau appelle à Paris les commissaires désignés par les sectes de Hollande et d'Allemagne, et, après quelques pourparlers, le traité est conclu dans la loge des *Amis-Réunis*.

A dater de cette époque, la Maçonnerie ne cherche plus à dissimuler le but politique qu'elle poursuit, elle donne ouvertement l'impulsion au mouvement révolutionnaire. C'est ce qui résulte de la déclaration de Robespierre, dans une des dernières séances de l'Assemblée constituante :

« Je me rappelle avec confiance, » dit-il, en prenant la défense des loges maçonniques, « que c'est du sein de ces sociétés que « sont sortis **le plus grand nombre** de « ceux qui vont occuper nos places. Ce sont « eux qui seront chargés de défendre les « droits de la nation contre les artifices de « ces hommes faux qui ne parlent de la liberté « avec éloge que pour l'opprimer avec im- • punité, que pour la poignarder plus à leur « aise. »

Si j'ai si longuement insisté sur les événe-

ments de l'époque révolutionnaire, c'est afin de
bien établir la part qui revient à la Maçonnerie dans ces effroyables catastrophes. On re-
connaîtra qu'aucun doute ne peut subsister
à cet égard, et on sera obligé de conclure
avec l'auteur du *Mémoire au Congrès de
Vienne*, le comte de Haugwitz :

« Que le drame commencé en 1788 et
« 1789, la Révolution française, le régicide
« avec toutes ses horreurs, non-seulement
« avaient été résolus dans les mystères du
« Grand-Orient, mais encore étaient le résul-
« tat des associations et des serments. »

Il serait facile de poursuivre cette étude
à travers les divers régimes qui se sont succédé depuis le commencement du siècle. Je
craindrais d'abuser de votre patience. Il me
faudrait d'ailleurs toucher à des questions
beaucoup trop délicates. Je me bornerai à
indiquer sommairement les diverses étapes
parcourues par la Franc-Maçonnerie, vous
laissant le soin de tirer les conséquences.

Sous le premier Empire, la Franc-Maçonnerie devint, comme tout le reste, un instrument de règne. Cambacérès, Murat, Joseph
Bonaparte, étaient grands maîtres de l'Ordre; Lacépède, chancelier de la légion d'hon-

neur, présidait à la fois le Sénat et le Grand-Orient. Toutes les illustrations de la magistrature et de l'armée sollicitaient à l'envi les honneurs de l'initiation. On organisa même des loges militaires ambulantes (1) destinées à propager, à travers l'Europe, les idées que l'Empereur avait intérêt à favoriser. De jacobine qu'elle était sous la Convention, la Maçonnerie se mit tout entière au service du gouvernement impérial.

On voit par cette évolution que la doctrine de l'*opportunisme* n'est pas nouvelle, et que les hommes de la première Révolution savaient, à leur heure, comme ceux d'aujourd'hui, s'accommoder de la dictature.

La Franc-Maçonnerie eut, sous le premier Empire, les apparences les plus conservatrices, ce qui ne l'empêcha pas toutefois de

---

(1) On lit en effet dans l'*Histoire pittoresque de la Franc-Maçonnerie*, de Clavel, qu'il y avait peu de régiments auxquels ne fût attaché un atelier maçonnique. — C'est par l'intermédiaire de ces ateliers que furent établies la plupart des loges étrangères affiliées au Grand-Orient de France, notamment celle de Cassel ou *Grand-Orient de Westphalie*, dont le roi Jérôme Napoléon devint, en 1811, le premier grand-maître.

poursuivre sans relâche la réalisation de ses projets contre la papauté. L'occupation de Rome, en 1809, et la captivité de Pie VII en sont les preuves incontestables.

Sous la Restauration, la Franc-Maçonnerie essaie de s'imposer à la Royauté, comme elle s'était imposée à l'Empire. N'y pouvant réussir, elle reprend son rôle de conspiration et prépare la Révolution de 1830.

Cette nouvelle Révolution ouvre les avenues du pouvoir à l'Ecole prétendue libérale, composée des principaux adeptes de la Maçonnerie, et le monopole universitaire devient entre ses mains le principal instrument de règne.

Ces divers gouvernements n'eurent donc à choisir qu'entre deux alternatives : se faire complices ou devenir victimes de la Franc-Maçonnerie. — Cette situation n'explique-t-elle pas suffisamment leurs faiblesses ou leur impuissance ?

Je voudrais m'arrêter là... Mais il est des faits qui appartiennent à l'histoire et qui ont exercé une telle influence sur l'ensemble des événements, que l'on ne saurait les passer sous silence.

Je les rapporterai brièvement et sans commentaires.

Dans sa jeunesse, pendant son séjour en Italie, le prince Louis Napoléon s'était fait initier aux mystères des sociétés secrètes. Affilié à la Carbonara, il prit part, en 1831, à l'insurrection de Bologne contre le pape Grégoire XVI.

Devenu empereur, peut-être essaya-t-il de se soustraire aux redoutables serments exigés de ceux qui franchissent le seuil des *Ventes italiennes*. Les bombes d'Orsini se chargèrent de les lui rappeler et devinrent (1), dit-on, la cause déterminante de cette campagne d'Italie aussi glorieuse pour nos armes qu'elle a été funeste dans ses conséquences ; funeste aux intérêts religieux, car elle livra sans défense Rome à la Révolution ; funeste aux intérêts nationaux, car elle creusa un abîme entre la France et la seule puissance qui eût pu nous venir en aide au jour du danger, l'Autriche catholique, victime comme

____

(1) N'a-t-on pas dit sous l'Empire, en plein Corps législatif, que l'expédition d'Italie semblait avoir été *l'exécution du testament d'Orsini ?*

nous des convoitises insatiables de la Prusse protestante.

Les événements qui ont suivi nous touchent de trop près pour qu'il soit possible de les analyser ici, sans inconvénient. L'œuvre de destruction n'est point achevée ; elle se poursuit avec acharnement. L'armée de l'impiété veille aux portes du Vatican, attendant l'heure de porter le dernier coup à la Papauté, qu'elle croit expirante ; mais l'Eglise est encore debout, et la France catholique commence à se réveiller..... Grâce à la liberté de l'enseignement, vainement réclamée sous le Gouvernement de Juillet, conquise en 1850 pour l'instruction secondaire, et complétée pour l'enseignement supérieur par la dernière Assemblée nationale, des générations nouvelles se sont formées, ne craignant plus, comme autrefois, d'affirmer leurs croyances, et prêtes à combattre la Révolution sous le signe de la croix. C'est à elles que reviendra le double honneur de fermer les plaies toujours saignantes de notre chère patrie, et de faire revivre son plus beau titre de gloire, celui de Fille aînée de l'Eglise.

Messieurs,

J'ai essayé de vous faire connaître dans son ensemble l'œuvre des sociétés secrètes. Je crois avoir démontré qu'elles ont eu la plus large part dans les événements de la Révolution. Je me suis appuyé, non sur de simples appréciations, mais sur les paroles et les écrits de leurs principaux chefs. Mes citations, puisées aux sources les plus authentiques, sont en partie empruntées à l'ouvrage du P. Deschamps : *Les Sociétés secrètes et la Société*. Cette étude, une des plus intéressantes et des plus complètes qui aient été écrites sur la Franc-Maçonnerie, se termine par les lignes suivantes, que vous me saurez gré de reproduire ici comme un hommage à la mémoire du savant et courageux écrivain (1) :

----

(1) Le R. P. Deschamps est mort en 1873. « Il avait consacré, dit M. Seguin, un temps considérable à réunir des matériaux et à écrire un ouvrage capital sur les sociétés secrètes...... Ce travail contient la clé de tous les événements politiques, de toutes les révolutions sociales qui se sont succédé depuis la fin du siècle dernier jusqu'à nos jours. »

Les Sociétés secrètes et la Société, ou philosophie de l'histoire contemporaine, par le R. Père N. Deschamps, S. J., trois volumes. — Avignon, F. Seguin aîné, libraire-éditeur.

« Tels sont les doctrines, les faits et les
« complots anti-sociaux qui s'étalent à tous
« les yeux et partout, au grand jour de l'his-
« toire. Les mettre à nu sans crainte et sans
« acception de conditions et de personnes,
« les démontrer, par de nombreuses et in-
« contestables preuves, aux esprits les plus
« confiants, nous a paru, malgré les périls
« et la peine, un devoir de conscience. C'est
« à chacun selon sa position et son influence,
« au milieu des ruines matérielles et morales
« qui s'accumulent de toutes parts, sous les
« secousses incessantes des révolutions qui
« menacent d'arracher et de disperser au
« loin les derniers fondements de l'ordre
« social, qu'incombe l'obligation de les étu-
« dier, de les méditer, de les démasquer et
« de les faire connaître, de leur opposer
« enfin tout ce que la Religion, l'amour de
« la famille et de son pays, le bon sens,
« l'instinct de la conservation peuvent sug-
« gérer d'énergie et de force.

« Dans ces nobles et nécessaires luttes,
« dans ce suprême combat, l'homme de bien,
« que souvent il se le redise, n'est pas seul.
« Dieu, qui a fait les nations guérissables et
« qui a promis d'assister son Eglise jusqu'à
« la consommation des siècles, est avec lui;
« et si Dieu est pour nous, qu'avons-nous à
« craindre des puissances mêmes de l'enfer,

« quand nous combattons avec lui pour l'or-
« dre et pour la vérité ?

« *Si Deus pro nobis, quis contrà nos ?* »

Messieurs,

Ce n'est point au hasard et sans motifs
que j'ai choisi le sujet de cet entretien.
Nous sommes souvent en butte aux cri-
tiques et aux attaques. Les seules qui puis-
sent nous toucher sont celles qui nous vien-
nent de nos amis. Plusieurs d'entre eux, ou-
bliant les réserves que nous avons faites à
plusieurs reprises, nous blâment de trop
nous désintéresser ici des choses de la politique, et de donner à notre œuvre, à ce
Cercle, un caractère exclusivement religieux.
Si j'ai su me faire comprendre, les considéra-
tions que je viens de développer devant vous
ont précisément pour objet de répondre indi-
rectement à ce reproche. C'est l'impiété philosophique qui a préparé les voies à la Révolution, ce sont les associations anti-chrétien-
nes qui l'ont accomplie. — Je crois l'avoir
établi, et je ne pense pas qu'il puisse y avoir
le moindre doute à cet égard. — Ne faut-il

pas en conclure qu'un appel suprême et énergique au sentiment religieux est devenu nécessaire, et que les associations chrétiennes seules sont en mesure de réparer le mal et de lutter contre les associations impies. Cela n'explique-t-il pas l'admirable mission à laquelle sont appelés les Cercles catholiques, dans l'œuvre de la régénération sociale ?

Ne nous laissons donc pas écarter de notre but et marchons résolûment dans la voie qui nous est tracée. Ce n'est pas trop, croyez-moi, de l'union de tous les hommes de cœur, de dévouement et de bonne volonté, pour préparer l'heure de la réparation et du salut !

(*Applaudissements prolongés.*)

Alais, Imprimerie J. MARTIN, place St-Jean et r. Dumas, 5.

PRO DEO & CIVITATE